AF360169

CATALOGUE

DE

LIVRES MODERNES

D'HISTOIRE ET DE LITTÉRATURE

OUVRAGES DE VICTOR HUGO AVEC DÉDICACES

COMPOSANT LA BIBLIOTHÈQUE DE FEU M. GABRIEL GUILLEMOT

Homme de lettres

DONT LA VENTE AURA LIEU

Le Lundi 18 Mai 1885

Rue des Bons-Enfants, 28 (Maison Silvestre)

(Salle n° 2)

A 7 heures 1/2 du soir

Par le ministère de M\u1d49 GEORGES BOULLAND, commissaire-priseur

RUE DES PETITS-CHAMPS, 26

Assisté de M. A. VOISIN, libraire-expert

PARIS

A. VOISIN, LIBRAIRE

37, RUE MAZARINE, 37

1885

CONDITIONS DE LA VENTE

Elle aura lieu au comptant.

Les acquéreurs paieront 5 p. 100 en sus des enchères, applicables aux frais de la vente.

Les ouvrages sont vendus COMPLETS ET EN BON ÉTAT, sauf indication contraire. Ils doivent être collationnés sur place et dans les vingt-quatre heures de l'adjudication.

Exposition publique, le jour de la vente, de 2 à 4 heures.

M. A. VOISIN, libraire-expert, chargé de la vente, remplira les commissions des personnes qui ne pourraient y assister.

CATALOGUE

DE LA BIBLIOTHÈQUE

DE

M. GABRIEL GUILLEMOT

THEOLOGIE — SCIENCES ET ARTS

1. La Création, par Edgar Quinet. *Paris*, 1870, 2 vol. in-8, br.

2. Le Christianisme et ses origines. L'Hellénisme, par Ernest Havet. *Paris, Michel Lévy*, 1872, 2 vol. in-8, br.

3. Renan (Ernest). — Vie de Jésus. *Paris, Michel Lévy*, 1863, 1 vol. — Les Apôtres. *Paris, Michel Lévy*, 1866, 1 vol. — Saint Paul. *Paris, Michel Lévy*, 1869, 1 vol. Ensemble, 3 vol. in-8, dem.-rel. chag. brun.

4. La Bible dans l'Inde. Vie de Iezeus Christna, par Louis Jacolliot. *Paris, Lacroix*, 1869, in-8, br. — Histoire élémentaire et critique de Jésus, par A. Peyrat. *Paris, Michel Lévy*, 1868, in-8, dem-rel. chag. rouge. Ensemble, 2 vol.

5. Jean Wallon. — Le clergé de quatre-vingt-neuf. *Paris*, 1876. — Jésus et les Jésuites. *Paris*, 1879 (*Envoi d'auteur*). Ensemble, 2 vol. gr. in-18, brochés.

6. Histoire de l'Inquisition, par Arthur Arnoud. *Pa-*

ris, 1869, in-18, br. (*Envoi d'auteur*). — Le Dossier des pèlerinages, suite de l'Arsenal de la dévotion, par Paul Parfait. *Paris*, 1877, in-18, br. (*Envoi d'auteur*). — Les Jésuites, par Adolphe Michel. *Paris*, 1879, in-18, br. (*Envoi d'auteur*). Ensemble, 3 volumes.

7. Essais de Michel de Montaigne, précédés d'une lettre à M. Villemain sur l'éloge de Montaigne, par P. Christian. *Paris, Hachette*, 1864, 2 vol. in-12, dem.-rel. chag. brun. — Maximes du duc de La Rochefoucauld. — Pensées diverses de Montesquieu. — Œuvres choisies de Vauvenargues. *Paris, Didot*, 1864, in-12, d.-rel. chag. vert. — Ensemble, 3 volumes.

8. Sciences. — 3 vol. in-18, brochés.

La Gymnastique obligatoire, par Eug. Paz ; 1868. — Le Soleil, par Amédée Guillemin ; 1869. — Economie politique populaire, par Baudrillard ; 1869. Envois d'auteurs.

9. L'Esprit des bêtes. — Le Monde des oiseaux, ornithologie passionnelle, par A. Toussenel. *Paris*, *Dentu*, 1864-1872, 3 vol. in-8, portrait; les deux premiers, dem.-rel. chagr.; le troisième, br.

10. Histoire d'Apelles, par Henry Houssaye. *Paris*, 1868, in-12, d.-rel.

Envoi d'auteur.

11. Charles Clément. — Michel-Ange, Léonard de Vinci, Raphaël. *Paris, J. Hetzel*, 1867, 1 vol. — Géricault, étude biographique et critique. *Paris, Didier*, 1868, 1 vol. - Etudes sur les beaux-arts en France. *Paris, Michel Lévy*, 1865, 1 vol. Ensemble, 3 vol. in-18, dem.-rel. chag. br.

12. Viardot (Louis). — Les Musées de France, 1 vol. — Les Musées d'Espagne, 1 vol. — Les Musées d'Allemagne, 1 vol. — Les Musées d'Italie, 1 vol. — Les Musées d'Angleterre, de Belgique, de Hollande et de Russie, 1 vol. *Paris, Hachette*, 1859-1860. Ensemble, 5 vol. in-18, br.

LITTERATURE

13. Etudes sur la poésie latine, par M. Patin. *Paris,
  Hachette*, 1868-1869, 2 vol. in-18, dem.-rel. chag.
  noir.

14. Œuvres complètes d'Horace, trad. revue par H.
  Rigault. *Paris, Garnier*, s. d., 1 vol. — Œuvres
  complètes de Juvénal et de Perse, trad. de Dusaulx
  et J. Pierrot et de A. Perreau. *Paris, Garnier*,
  1863, 1 vol. — Œuvres de Virgile, trad. nouv. par
  E. Pessonneaux. *Paris, Charpentier*, 1865, 2 vol.
  Ensemble, 4 vol. in-18, dem.-rel. chag. br.

15. La Chanson de Rolland, traduction nouvelle,
  rhythmée et assonancée, avec une introduction et des
  notes, par L. Petit de Julleville. *Paris, Lemerre*,
  1868, in-8, pap. vergé de Hollande, br.

16. Chefs-d'œuvre des conteurs français avant La Fon-
  taine, 1050-1650. Avec une introduction, des notes
  historiques et littéraires, et un index, par Charles
  Louandre. *Paris, Charpentier*, 1873-1874, 2 vol.
  in-12, br.

17. Hugo (Victor). — Les Voix intérieures, suivies de
  les Rayons et les Ombres. *Paris*, 1850, 1 vol. —
  Odes et Ballades. *Paris*, 1850, 1 vol. — Les Orien-
  tales. *Paris*, 1850, 1 vol.—Les Feuilles d'Automne,
  suivies des Chants du Crépuscule. *Paris*, 1850, 1 vol.
  — Le Pape. *Paris, Calmann-Lévy*, 1878, 1 vol. —
  Ensemble, 5 vol. in-18, br.

18. Victor Hugo. — Les Châtiments. *Paris, Hetzel*,
  s. d., in-18, br.
  Envoi d'auteur.

19. Victor Hugo. — La Pitié suprème. *Paris, Calmann-Lévy*, 1879, 1 vol. — Les Contemplations.
  Paris, Michel Lévy, J. Hetzel, Pagnerre, 1856,
  2 vol. — Ensemble, 3 vol. in-8, br.

20. Victor Hugo. — L'Année terrible. 2ᵉ édition. *Paris, Lévy*, 1872, in-8, br.

Envoi d'auteur.

21. Victor Hugo. — Le Pape. *Paris, Lévy*, 1878, gr. in-8, br. (*Édition originale.*)

Envoi d'auteur.

22. Victor Hugo.— Les Quatre vents de l'esprit. *Paris, Hetzel*, 1881, 2 vol. gr. in-8, br. (*Édition originale*).

Envoi d'auteur.

23. Victor Hugo. — La Légende des Siècles (*tome 5*). *Paris, Lévy*, 1883, in-8, br. (*Édition originale.*)

Envoi d'auteur.

24. Iambes et poèmes, par Auguste Barbier. *Paris, Dentu*, 1870, in-18, br. — Victor de Laprade, Tribuns et Courtisans. *Paris, Lemerre*, 1875, in-18, br. Ensemble 2 vol.

25. Albert Glatigny. — Le Bois, comédie en 1 acte. Bayonne, 1868, br. in-16 (*Envoi d'auteur*).—Gilles et Pasquins. *Paris, Lemerre*, 1872, in-16, br.

Le dernier volume porte un envoi d'auteur ainsi conçu :

A Gabriel Guillemot.

Cependant que la brise amoureuse se livre
Aux caprices charmants du printemps immortel.
J'écris sur le premier feuillet de ce doux livre :
« A Guillemot, appui du trône et de l'autel. »

ALBERT GLATIGNY.

26. Maurice Chardon. — Les Nuits de l'Echafaud. *Paris*, 1870, in-8 carré, br.

Envoi d'auteur.

27. Paul Verlaine. — Romances sans paroles. *Paris*, 1874, in-12, br.

Envoi d'auteur.

28. Chants du soldat.—Marches et sonneries, par Paul Déroulède. *Paris*, 1881, in-16, br.

Envoi d'auteur.

29. Poëtes contemporains. — 5 volumes in-18, brochés.

> Emmanuel des Essarts — Les Elévations ; 1874. — Robinat-Ber-
> trand — La Fête de Madeleine ; 1874. — Chansons de Paul Avenel,
> eau-forte de Guillaumot ; 1875. — Les Noces Corinthiennes, par
> A. France ; 1876.
> Envois d'auteurs.

30. Poëtes contemporains. — 6 volumes et plaquettes
in-18, brochés.

> Les Binettes rimées, par E. Vermersch ; S. d. — E. Predl —
> Sonnets misanthropiques ; 1874. — C. Delthil — Les Rustiques ;
> 1876. — Nouvelles Géorgiques, par J. Durandeau ; 1879. — Gabriel
> Marc. — Poèmes d'Auvergne ; 1882 ; etc.
> Envois d'auteurs.

31. Théâtre d'Euripide, traduction nouvelle, par Emile
Pessonneaux. *Paris, Charpentier*, 1875, 2 vol.
in-18, br. — Tragédies de Sophocle, trad. du grec,
par M. Artaud. *Paris, Charpentier*, 1869, in-18,
br. Ensemble, 3 vol.

32. Théâtre ancien. — 2 vol. in-18, dem.-rel. chag.
brun.

> Aristophane, trad. de C. Poyard. *Paris, Hachette*, 1865. — Théâ-
> tre d'Eschyle, trad. de A. Pierron. *Paris, Charpentier*, 1865.

33. Théâtre ancien. — 3 vol. in-18, br.

> Les Comédies de Plaute, trad. par E. Sommer. *Paris, Hachette*,
> 2 vol. — Les Comédies de Térence, trad. nouv., par Victor Béto-
> laud. *Paris, Garnier*, 1864.

34. Les Deux Masques, tragédie-comédie, par Paul
de Saint-Victor. *Paris, Michel Lévy*, 1880-83, 3 vol.
in-8, br.

35. Œuvres des deux Corneille (Pierre et Thomas).
Edition *variorum* collationnée sur les meilleurs
textes, précédées de la Vie de Pierre Corneille avec
les variantes et les corrections de Pierre Corneille,
accompagnées de notices historiques et littéraires
sur chaque pièce des deux Corneille, par Charles
Louandre. *Paris, Charpentier*, 1865, 2 vol. in-12,
dem.-rel. chag. noir.

36. Théâtre complet de J. Racine, édition *variorum*,
publiée par Ch. Louandre. *Paris, Charpentier*,

1864, in-18, dem.-rel. chag. v. — Théâtre de Regnard. *Paris*, *Didot*, 1866, in-18, br. — Théâtre de Beaumarchais. *Paris*. *Didot*, 1865, in-18, dem.-rel. chag. v. — Œuvres choisies de Marivaux. *Paris*, *Hachette*, 1877, 2 vol. in-18, br. — Œuvres choisies de Sedaine. *Paris*, *Hachette*, 1876, in-18, br. Ensemble, 6 vol.

37. Victor Hugo. — Théâtre. *Paris*, 1863, 4 vol. in-18, br.

38. Auguste Vacquerie. — Tragaldabas. *Paris*, *Lévy*, 1875, gr. in-8, br.

Envoi d'auteur.

39. Théâtre complet de Auguste Vacquerie. *Paris*, 1879, 2 vol. gr. in-8, br.

Envoi d'auteur.

40. George Sand. — Théâtre complet. *Paris*, *Michel Lévy*, 1866-1867, 4 vol. in-18, br. *(tomes 1 à 4)*.

41. Le Myosotis, aliénation mentale et musicale, par MM. Cham et William Busnach. *Paris*, 1866, in-18, br.

Envoi autographe signé de Cham.

42. Théâtre contemporain. — 8 volumes et plaquettes in-18, brochés.

Les Souvenirs, comédie, par A. Belot; 1867. — Le Chemin retrouvé, comédie, par L. Leroy et Regnier; 1838. — Les Mousquetaires de Bougival, comédie, par L. Leroy; 1869. — La Fausse Monnaie, comédie. par E. Cadol; 1869. — La Mort aux rats, farce italienne; 1875; etc., etc.

ENVOIS D'AUTEURS.

43. Théâtre contemporain. — 17 pièces en éditions originales, gr. in-18, brochées.

Une Visite de noces, par Alex. Dumas fils. — Montjoye, par Octave Feuillet. — Les Vieux garçons, par Victorien Sardou. — Diane au bois, par Théodore de Banville. — Gringoire, par le même. — Fabienne, par Henri Meilhac. — Les Curieuses, par H. Meilhac et Delavigne. — Célimare, par Labiche et Delacour. — Moi, par Labiche et Ed. Martin. — La Cagnotte, par Labiche et Delacour. — La Grammaire, par Labiche et Alph. Jolly. — Les Brebis galeuses, par Th. Barrière. — Les Inutiles, par Ed. Cadol. — etc., etc...

44. Œuvres complètes de W. Shakespeare, traduites
par François-Victor Hugo. *Paris, A. Lemerre, s.
d.*, 16 vol. in-16, pap. vergé. br.

45. Les Pastorales de Longus ou Daphnis et Chloé,
traduction de J. Amyot, revue, corrigée, complétée
par Paul-Louis Courier, notice par A. France. *Paris,
A. Lemerre*, 1879, in-8, br.

> Jolie édition, texte encadré de rouge. Exemplaire sur papier de
> Hollande.

46. Collection A. Lemerre, 1876, 2 vol. petit in-12,
br., papier vergé de Hollande.

> Paul et Virginie, par Bernardin de Saint-Pierre, avec notices et
> notes, par Anatole France, 1 vol. — Mémoires du comte de Gram-
> mont, par Antoine Hamilton, avec notice, variantes et index, par
> Henri Motheau, 1 vol. — Chaque vol. avec le portrait de l'auteur
> gr. à l'eau-forte.

47. Colomba, suivi de la Mosaïque et autres contes
et nouvelles, par Prosper Mérimée. *Paris, Charpentier*, 1862, in-18, dem.-rel. chag. brun.—Le Rouge
et le Noir, chronique du XIX⁰ siècle, par de Stendhal. *Paris, Michel Lévy*, 1862, in-18, dem.-rel.
chag. brun. — La Chartreuse de Parme, par de
Stendhal. *Paris, Michel Lévy*, 1864, in-18, dem.-
rel. chag. brun. Ensemble, 3 vol.

48. Emile Zola. — Les Rougon-Macquart, histoire
naturelle et sociale d'une famille sous le second Empire; 5 vol. gr. in-18, brochés.

> La Fortune des Rougon; 1871, 1 vol. — La Curée; 1871, 1 vol.
> — Le Ventre de Paris; 1873, 1 vol. — La Conquête de Plassans;
> 1874, 1 vol. — Son Excellence Eugène Rougon; 1876, 1 vol.

49. La Faute de l'abbé Mouret, par Emile Zola. 2ᵉ édition. *Paris*, 1875, gr. in-18, br.

> Envoi d'auteur.

50. L'Assommoir, par Emile Zola. 31ᵉ édition. *Paris*, 1877, gr. in-18, br.

> Envoi d'auteur.

51. Léon Cladel. — Mes Paysans. — La Fête votive
de Saint-Bartholomée Porte-Glaive. *Paris, Lemerre*, 1872, in-12, br. (*Envoi d'auteur.*) —

L'homme de la Croix-aux-Bœufs. *Paris*, 1878, in-18, br. (*Envoi d'auteur.*) — Ensemble, 2 volumes.

52. Correspondance complète de Madame, duchesse d'Orléans, née princesse Palatine, mère du Régent, traduction entièrement nouvelle par M. G. Brunet, accompagnée d'une annotation historique, biographique et littéraire du traducteur. *Paris, Charpentier*, 1869, 2 vol. in-18, br.

53. Correspondance de Victor Jacquemont avec sa famille et ses amis pendant son voyage dans l'Inde (1828-1832), précédée d'une étude sur Jacquemont par Cuvillier-Fleury. Nouvelle édition augmentée de lettres et fragments inédits et accompagnée d'une carte. *Paris, Michel Lévy*, 1869, 2 vol. in-18, dem.-rel. chag. br.

54. Œuvres complètes de Balzac (tome 24ᵉ). — Correspondance, avec portrait et fac-similé. *Paris*, 1876, in-8, br.

HISTOIRE — BIOGRAPHIE

55. Le Président de Brosses en Italie. — Lettres familières écrites d'Italie en 1739 et 1740 par Charles de Brosses. 3ᵉ édition authentique d'après les manuscrits, annotée et précédée d'une Etude biographique par R. Colomb. *Paris, Didier*, 1869, 2 vol. in-12, dem.-rel. chag. br.

56. Voyage en Italie, par H. Taine. *Paris, Hachette*, 1866, 2 vol. in-8, dem.-rel. chag. rouge.

57. Le Drame du Vésuve, par Beulé. *Paris, Michel Lévy*, 1872, in-8, br.

58. Antoine de Latour. — Etudes sur l'Espagne. *Paris, Michel Lévy*, 1855, 2 vol. — Etudes litté-

raires sur l'Espagne contemporaine. *Paris, Michel Lévy*, 1864, 1 vol.; ensemble, 3 vol. in-18, br.

59. Histoires d'Hérodote, trad. nouv. par P. Giguet. *Paris, Hachette*, 1870, in-18, br. — Œuvres complètes de Tacite, trad. de Ch. Louandre. *Paris, Charpentier*, 1862, 2 vol. in-18, dem.-rel. chag. brun. — Œuvres de Salluste, trad. nouv. par M. Pessonneaux. *Paris, Charpentier*, 1864, in-18, dem.-rel. chag. brun. Ensemble, 4 vol.

60. Œuvres complètes de Xénophon, traduction nouvelle avec une introduction et des notes, par Eugène Talbot. *Paris, Hachette*, 1859, 2 vol. in-18, dem.-rel. chag. brun.

61. Œuvres complètes de Justin, trad. franç. par J. Pierrot et E. Boitard. *Paris, Garnier*, 1862, 1 vol. — Suétone. Les Douze Césars, trad. nouv. avec le texte latin par E. Pessonneaux. *Paris, Charpentier*, 1861, 1 vol. — Œuvres complètes de Quinte-Curce, trad. d'Aug. et Alph. Trognon, rev. par M. E. Pessonneaux. *Paris, Garnier*, 1861, 1 vol. Ensemble, 3 vol. in-18, dem.-rel. chag. br.

62. Etudes sur les historiens byzantins. — Les derniers jours d'un Empire, par Raymond François. *Paris, Lacroix*, 1870, 1 vol. — Histoire de l'éloquence latine depuis l'origine de Rome jusqu'à Cicéron, d'après les notes de M. A. Berger, publiées par V. Cucheval. — *Paris, Hachette*, 1872, 2 vol. Ensemble, 3 vol. in-18, br.

63. De la milice romaine depuis la fondation de Rome jusqu'à Constantin, par Cl. Lamarre. *Paris, Hachette*, 1870, 1 vol. — La Cité antique, étude sur le culte, le droit, les institutions de la Grèce et de Rome, par F. de Coulanges. *Paris, Hachette*, 1870, 1 vol. — Histoire de la guerre du Péloponèse de Thucydide, trad. nouv. par E. A. Bétant. *Paris, Hachette*, 1869, 1 vol. Ensemble, 3 vol. in-18, br.

64. Beulé. — Auguste, sa famille et ses amis. *Paris,*

Michel Lévy, 1866, 1 vol. — Tibère et l'héritage d'Auguste. *Paris, Michel Lévy*, 1868, 1 vol. Ensemble, 2 vol. in-8, dem.-rel. chag. rouge.

65. Beulé. — Le sang de Germanicus. *Paris, Michel Lévy*, 1869, in-8, dem.-rel. chag. rouge. — Titus et sa dynastie. *Paris, Michel Lévy*, 1870, in-8, br. Ensemble, 2 vol.

66. Dictionnaire historique de la France, par Ludovic Lalanne. *Paris, Hachette*, 1872, gr. in-8, rel. toile.

67. Histoire de France, par J. Michelet. Nouvelle édition, revue et augmentée. *Paris, A. Lacroix et Verboeckhoven*, 1871-1874. 5 vol. in-8, br. (*Tomes 1 à 5.*)

68. Histoire des Etats-Généraux considérés au point de vue de leur influence sur le gouvernement de la France de 1355 à 1614, par Georges Picot. *Paris, Hachette*, 1872, 4 vol. in-8, br.

Exemplaire sur papier de Hollande.

69. Les Deux relations authentiques du meurtre de J. Monaldeschi, composées par Le Bel et Conti. Editées avec une étude et des notes par L. Lacour. 1865, in-32, pap. de Hollande, br. (*Envoi d'éditeur.*) — Louvois et les protestants, par Adolphe Michel. *Paris, s. d.*, in-18, br. (*Envoi d'auteur.*) — Ensemble, 2 volumes.

70. La Police sous Louis XIV, par Pierre Clément. *Paris, Didier*, 1866, in-18, br. — Mémoires de Fléchier sur les grands jours d'Auvergne en 1665, annotés par M. Chéruel. *Paris, Hachette*, 1862, in-18, br. Ensemble, 2 vol.

71. Mémoires du Cardinal de Retz adressés à Madame de Caumartin, suivis des instructions inédites de Mazarin relatives aux Frondeurs. Nouvelle édition revue et collationnée sur le manuscrit original avec une introduction, des notes, des éclaircissements

tirés des Mazarinades, par Aimé Champollion-Figeac. *Paris, Charpentier,* 1866, 4 vol. in-18, br.

72. Mémoires de Mme de Motteville sur Anne d'Autriche et sa cour. Nouvelle édition d'après le manuscrit de Conrart, avec une annotation et des éclaircissements, par M. F. Riaux, et une notice sur Mme de Motteville, par Sainte-Beuve. *Paris, Charpentier,* 1869, 4 vol. in-12, br.

73. Mémoires complets et authentiques du Duc de Saint-Simon sur le siècle de Louis XIV et la Régence, collationnés sur le manuscrit original, par M. Chéruel, et précédés d'une notice par Sainte-Beuve. *Paris, Hachette,* 1865, 13 vol. in-18, br.

74. L'Homme au masque de fer, par Marius Topin. *Paris,* 1870, in-8, br.

Envoi d'auteur.

75. Souvenirs de la marquise de Créquy de 1710 à 1803. Nouvelle édition revue, corrigée et augmentée. *Paris, Delloye,* 1842, 10 tom. en 5 vol. in-12, portraits et blasons grav., dem.-rel., dos et coins de veau rouge.

76. Chronique de la Régence et du règne de Louis XV (1718-1763) ou Journal de Barbier, avocat au parlement de Paris. Première édition complète, conforme au manuscrit autographe de l'auteur. *Paris, Charpentier,* 1866, 8 vol. in-12, br.

77. Georges d'Heilly. — 3 volumes brochés.

Maladie et mort de Louis XV ; 1866, in-32. — Cotillon III, Jeanne Bequs, comtesse Du Barry ; 1867, in-18. — Extraction des cercueils royaux à Saint-Denis en 1793 ; 1868, in-18. (*Envoi d'auteur.*)

78. Mémoires et documents sur la Révolution française. — Paris pendant la Révolution (1789-1798) ou le Nouveau Paris, par Sébastien Mercier. *Paris, Poulet-Malassis,* 1862, 2 vol. in-18, br.

79. Considérations sur la Révolution française, par Madame de Staël, ouvrage posthume publié en

1818 par M. le duc de Broglie et M. le baron de
Staël. *Paris, Charpentier*, 1862, 2 vol. in-18, dem.-
rel. chag. br.

80. A. Thiers. — Histoire de la Révolution française.
Paris, Furne, 1865, 2 vol. — Histoire du Consulat. *Paris, Lheureux*, 1865, 1 vol. — Histoire de
l'Empire. *Paris, Lheureux*, 1865, 4 vol.; ensemble,
7 vol. in-4, figures, dem.-rel. chag. rouge.

81. Histoire de la Révolution française, par Louis
Blanc. *Paris, Furne et Pagnerre*, 1847-1867,
12 vol. in-8, br.

82. Histoire de la Révolution française, par J. Michelet. Deuxième édition, revue et augmentée.
Paris, A. Lacroix et Verboeckhoven, 1869, 6 vol.
in-8, br. (*Tomes 1 à 6.*)

83 La Révolution, par Edgar Quinet. *Paris, Lacroix*, 1866, 2 vol. in-8, d.-rel. chag.

84. Ernest Hamel. — Précis de l'histoire de la Révolution française. *Paris, Pagnerre*, 1870, 1 vol. —
Histoire de la République française sous le Directoire et le Consulat. *Paris, Pagnerre*, 1872, 1 vol.
— Histoire du premier Empire. *Paris, E. Dentu*,
1882, 1 vol.; ensemble, 3 vol. in-8, br.

Chaque volume porte un envoi d'auteur signé. Les deux premiers sont sur papier de Hollande.

85. Edmond et Jules de Goncourt. — Histoire de la
société française pendant la Révolution. *Paris,
Charpentier*, 1880, in-18, br. — Histoire de la société française pendant le Directoire. *Paris, Charpentier*, 1880, in-18, br. Ensemble, 2 vol.

86. Histoire littéraire de la Convention Nationale,
par Eugène Maron. *Paris, Poulet-Malassis et de
Broise*, 1860, 1 vol. — Le Vandalisme révolutionnaire, fondations littéraires, scientifiques et artisti-
ques de la Convention, par Eugène Despois. *Paris*,
1868, 1 vol. — Le Théâtre révolutionnaire (1788-

1799), par E. Jauffret. *Paris, Furne*, 1869, 1 vol.
Ensemble, 3 vol. in-18, dem.-rel. chag. br.

87. La Justice révolutionnaire. Août 1792 — Prairial an III, d'après des documents originaux, par Berriat Saint-Prix (tome Iᵉʳ). *Paris, Lévy*, 1870, in-8, br.

88. Le Tribunal révolutionnaire de Paris, ouvrage composé d'après les documents originaux conservés aux archives de l'Empire, suivi de la liste complète des personnes qui ont comparu devant le tribunal, et enrichi d'une gravure et de fac-similé, par Emile Campardon. *Paris, Plon*, 1866, 2 vol. in-8, fig., dem.-rel. chag. noir.

89. La Démagogie en 1793 à Paris, ou histoire, jour par jour, de l'année 1793, accompagnée de documents contemporains rares ou inédits, recueillis, mis en ordre et commentés par C. A. Dauban. Ouvrage enrichi de seize gravures de Valton et d'autres artistes d'après des dessins inédits et des gravures du temps. *Paris, H. Plon*, 1868, in-8, fig., dem.-rel. chag. noir.

90. Paris en 1794 et en 1795. Histoire de la rue, du club, de la famine, composée d'après des documents inédits, particulièrement les rapports de police et les registres du Comité de Salut public, avec une introduction, par C. A. Dauban. Ouvrage enrichi de gravures du temps et d'un fac-similé. *Paris, H. Plon*, 1869, in-8, fig., dem.-rel. chag. noir.

91. Histoire de Robespierre d'après des papiers de famille, les sources originales et des documents entièrement inédits, par Ernest Hamel. *Paris*, 1865-1867, 3 vol. in-8, dem.-rel., dos et coins de chag. rouge.

Envoi d'auteur signé.

92. Rapport fait au nom de la commission chargée de l'examen des papiers trouvés chez Robespierre et ses complices, par E. B. Courtois, député de

l'Aube. *Paris*, an III, in-8, dem.-rel., portrait ajouté. — Histoire particulière des événements qui ont eu lieu en France pendant les mois de juin, de juillet, d'août et de septembre 1792, et qui ont opéré la chute du trône royal, par M. de la Varenne. *Paris*, 1806, in-8, br. Ensemble, 2 volumes.

93. Histoire de Saint-Just, député à la Convention Nationale, par Ernest Hamel, avec un portrait de Saint-Just et un de Philippe le Bas, gravés par Flameng. *Bruxelles, s. d.*, 2 vol. in-18, dem.-rel. chag. vert.

Envoi d'auteur signé.

94. Anacharsis Cloots, l'orateur du genre humain, par Georges Avenel. *Paris*, 1865, 2 vol. in-8, dem.-rel. chag. rouge.

95. Mémoires particuliers de Madame Rolland, avec avant-propos et notes, par M. F. Barrière. *Paris, Didot*, 1863, in-18, dem.-rel. chag. br. — Elysée Loustallot et les Révolutions de Paris (juillet 1789 — septembre 1790), par Marcellin Pellet. *Paris*, 1872, in-18, br. — Mirabeau et la Constituante, par Hermile Reynald. *Paris, Didier*, 1873, in-18, br. — Un journal royaliste en 1789. Les Actes des Apôtres (1789-1791), par Marcellin Pellet. *Paris*, 1873, in-18, br. Ensemble, 4 vol.

96. Histoire des Girondins, par A. de Lamartine. *Paris, Le Chevalier*, 1865-1866, 3 vol. in-4, fig., dem.-rel. chag. rouge.

97. Les derniers Montagnards. — Histoire de l'insurrection de prairial an III (1793), par Jules Claretie. *Paris*, 1868, in-12, d.-rel. mar.

Envoi d'auteur.

98. Mémoires du général Dumouriez, avec une introduction, par M. F. Barrière. *Paris, Didot*, 1862, 2 vol. — Championnet, général des armées de la République française, ou les campagnes de Hollande, de Rome et de Naples, par A. R. C. de

Saint-Albin. *Paris, Poulet-Malassis et de Broise,*
1861, 1 vol. — Ch. L. Chassin. L'Armée et la Révolution, la paix et la guerre, l'enrôlement volon-
taire, la levée en masse, la conscription. *Paris,*
1867, 1 vol. Ensemble, 4 vol. in-18, dem.-rel.
chag. br.

99. Mémoires de Carnot (1753-1823), par son fils.
Paris, Pagnerre, 1869, 4 vol. in-8, br.

100. Aventures de guerre au temps de la République
et du Consulat, par Moreau de Jonnès. *Paris, Pagnerre,* 1858, 2 vol. in-8, dem.-rel. chag. rouge.

101. Révolution. — 3 volumes brochés. (*Envois d'auteurs.*)

La vraie Marie-Antoinette, par Georges Avenel. *S. d.,* in-32. —
Les Origines de la Révolution, par Ernest Hamel ; 1872, in-32. —
Episodes et curiosités révolutionnaires, par Louis Combes. *S. d.,*
in-18.

102. Souvenirs de la Révolution et de l'Empire, par
Charles Nodier. Nouvelle édition avec notes et
augmentations considérables. *Paris, Charpentier,*
1864, 2 vol. in-12, dem.-rel. chag. br.

103. Histoire du droit de guerre et de paix de 1789
à 1815, par Marc Dufraisse. *Paris, Armand Le Chevalier,* 1867, in-8, dem.-rel. chag. rouge.

104. Le coup d'Etat de brumaire an VIII. Etude historique, par Paschal Grousset. *Paris,* 1869, in-18,
br. — Bonaparte, commediante tragediante, par
Mario Proth. — *Paris,* 1869. — 1812. Campagne
de Russie, par Alfred Assollant. *Paris,* 1866, in-18,
dem.-rel. chag. brun. — Ensemble, 3 vol.

105. Histoire de Napoléon I\u1d49\u02b3, par P. Lanfrey. *Paris,
Charpentier,* 1867-1875, 5 vol. in-12, les 3 premiers
en dem.-rel. chag. br., les 2 derniers br. (*Tomes* 1
à 5.)

106. L'Eglise Romaine et le premier Empire,
1800-1814, — avec notes, correspondances diplomatiques et pièces justificatives entièrement iné-

dites, par M. le comte d'Haussonville. *Paris, Michel Lévy*, 1868-1869, 5 vol. in-8, dem.-rel. chag. brun.

107. Histoire de la Campagne de 1815, — Waterloo, — par le lieutenant-colonel Charras. *Bruxelles, s. d.*, 2 vol. in-18 et atlas; ensemble, 3 vol. in-18, dem.-rel. chag. br.

108. Histoire de la Campagne de 1815, par Edgar Quinet. *Paris, Michel Lévy*, 1862, in-8, carte, d.-rel. chag.

109. Histoire des deux Restaurations jusqu'à l'avènement de Louis-Philippe (de janvier 1813 à octobre 1830), par Ach. de Vaulabelle. *Paris, Garnier, s. d.*, 8 vol. in-8, br.

110. Histoire du Gouvernement parlementaire en France. — 1814-1848. — Précédée d'une introduction par Duvergier de Hauranne. *Paris, Michel Lévy*, 1867-1872, 10 vol. in-8, br.

111. Mes Mémoires (1826-1848), par le comte d'Alton-Shée, ancien pair de France. *Paris, Lacroix*, 1869, 2 vol. in-18, br.

112. Révolution française. — Histoire de dix ans. 1830-1840, par Louis Blanc, dixième édition augmentée de nouveaux documents diplomatiques. *Paris, Pagnerre*, 5 vol. in-8, portraits et fig., dem.-rel. chag. brun.

113. F. Rittiez. Histoire du règne de Louis-Philippe Ier, 1830 à 1848. *Paris, Lecou*, 1855-1858, 3 vol. — Histoire du gouvernement provisoire de 1848. — *Paris, Lacroix*, 1867, 2 vol.; ensemble, 5 vol. in-8, dem.-rel. chag. br.

114. Histoire de la Révolution de 1848, par Louis Blanc. *Paris*, 1870, 2 vol. in-18, br.

Envoi d'auteur.

115. Histoire de la Révolution de 1848, par Garnier-

Pagès; 2ᵉ édition. *Paris, Pagnerre,* 1866-1872,
10 vol. in-8, br.

116. Histoire de la Révolution de 1848, par Daniel
Stern (Comtesse d'Agoult). 2ᵉ édition, revue par
l'auteur. *Paris, Charpentier,* 1862, 2 vol. in-12,
dem.-rel. chag. vert.

117. Victor Hugo. — Le Droit et la Loi. Introduction
au livre *Actes et Paroles. Paris, Lévy,* 1875, gr.
in-8, br.

    Envoi d'auteur.

118. Victor Hugo. — Actes et paroles. — Avant
l'exil (1841-1851). *Paris, Lévy,* 1875, gr. in-8, br.
(*Edition originale.*)

    Envoi d'auteur.

119. Victor Hugo. — Actes et paroles. — Depuis
l'exil (1870-1876). *Paris, Lévy,* 1876, gr. in-8, br.
(*Edition originale.*)

    Envoi d'auteur.

120. Souvenirs de la tribune des Journalistes (1848-
1852), par Philibert Audebrand. *Paris,* 1867, in-12,
d.-rel. mar. (*Envoi d'auteur.*) — Le Théâtre de
Versailles. — L'Assemblée au jour le jour du 24 mai
au 25 février, par Camille Pelletan. *Paris,* 1875,
in-12, br. (*Envoi d'auteur*); ensemble, 2 volumes.

121. Eugène Ténot. La Province en décembre 1851.
Paris, 1865, 1 vol. — Paris en décembre 1851.
Etude historique sur le coup d'Etat. *Paris, Armand
Le Chevalier,* 1868, 1 vol. — Les suspects en 1858.
Etude historique sur l'application de la loi de sûreté
générale. Emprisonnements, transportations, par
Eugène Ténot et Antonin Duboust. *Paris, Armand
Le Chevalier,* 1869, 1 vol.; ensemble, 3 vol. Les
deux premiers, dem.-rel. chag. rouge, le 3ᵉ, br.

122. A. Vermorel. Les hommes de 1851. Histoire de
la présidence et du rétablissement de l'Empire. *Paris,* 1869, 1 vol. — Les hommes de 1848. *Paris,*

1869, 1 vol. — Ensemble, 2 vol. in-18, dem.-rel.
chag. br.

123. Victor Hugo. — Napoléon le Petit. *Paris, Hetzel, s. d.*, in-18, br.

Envoi d'auteur.

124. Histoire du Second Empire (1848-1869), par Taxile Delord. *Paris, Germer Baillière*, 1869-1873, 3 vol. in-8, br. (*Tomes 1 à 3.*)

125. Second Empire, 4 vol. in-18, br., et 1 vol. in-8, br.

Le 19 janvier. Compte rendu, par Emile Ollivier. *Paris*, 1869, — L'Empire industriel, par Georges Duchêne. *Paris*, 1869. — Napoléon III, sa vie, ses œuvres et ses opinions, par A. Morel. *Paris*, 1870. — Sylvanecte. La Cour impériale à Compiègne. *Paris*, 1884. — Histoire de la chute du second Empire, par Auguste Deschamps. *Paris*, 1871.

126. Second Empire. 7 vol. in-18, dont 5 vol. br. et 2 dem.-rel. chag. br.

A. Granier de Cassagnac. Récit authentique des événements de décembre 1851. *Paris*, 1869. — Histoire de la Terreur bonapartiste, par H. Magen. *Paris*, 1872. — H. Babou. Les prisonniers du 2 décembre. *Paris, s. d.* — Histoire des conseils de guerre de 1852. *Paris*, 1869. — De Paris à Cayenne, par Ch. Delescluze. *Paris*, 1869, etc.

127. Les Dernières heures d'un Empire, par le Général de Arellano. *Paris*, 1869 (*Envoi d'auteur*). — Charles Habeneck. — Les Régiments martyrs. Sedan-Paris. *Paris*, 1871 (*Envoi d'auteur*). — Les exploits du Deux Décembre, par J. Prat. *Paris*, 1873 (*Envoi d'auteur*). — Ensemble, 3 vol. gr. in-18, brochés.

128. Victor Hugo. — Aux Allemands. — Aux Français. — Aux Parisiens. *Paris*, 1870, br. in-8 (*Edition originale*).

Envoi d'auteur.

129. Louis Blanc. — Questions d'aujourd'hui et de demain. *Paris, Dentu*, 1873-74, 2 vol. in-18, br.

Envoi d'auteur.

130. Paris, ses organes, ses fonctions et sa vie dans

la seconde moitié du XIXe siècle, par Maxime Du
Camp. *Paris, Hachette,* 1869-1872. (Tom. 1 à 3.)—
3 vol. in-8, br.

131. L'Hôtel de Ville et la Bourgeoisie de Paris, origines, mœurs, coutumes, institutions municipales
depuis les temps les plus reculés jusqu'à 1789, par
F. Rittiez *Paris, Schlesinger,* 1863, 1 vol. in-8,
dem.-rel. chag. br.

132. Histoire d'Olivier Cromwell, par J. M. Dargaud.
Paris, 1867, in-8, dem.-rel. chag. rouge.

133. Histoire constitutionnelle de l'Angleterre depuis
l'avènement de George III, 1760-1860, par Thomas
Erskine May, traduite et précédée d'une introduction par Cornélis de Witt. *Paris, Michel Lévy,*
1866, 2 vol. in-8, br.

134. Histoire de la presse en Angleterre et aux Etats-
Unis, par Cucheval Clarigny. *Paris,* 1857, in-18,
br. — Histoire de l'Angleterre depuis la mort de la
reine Anne jusqu'à nos jours, par H. Reynald. *Paris,* 1875, in-18, br.—L'Angleterre au XVIIIe siècle.
Etudes et portraits, par Ch. de Rémusat. *Paris,
Didier,* 1865, 2 vol. in-18. br. — Histoire gouver-
nementale de l'Angleterre depuis 1770 jusqu'à 1830,
par sir G. Cornevall Lewis, trad. de P. M. Mervoyer.
Paris, 1867, in-8, br. Ensemble, 5 vol.

135. Lettres sur l'Angleterre, par Louis Blanc. *Paris,*
1865-1867, 1re et 2e séries; ensemble, 4 vol. in-8,
dem.-rel. chag. brun.

136. Histoire de l'Autriche, depuis la mort de Marie-
Thérèse jusqu'à nos jours, par Louis Asseline. *Paris,* 1877, in-18, br. *(Envoi d'auteur).* — Une visite à quelques champs de bataille de la vallée du
Rhin, par R. d'Orléans, duc de Chartres. *Bruxelles,*
s. d., in-18, d.-rel. chag. — Ensemble, 2 volumes.

137. Campagnes de l'Armée d'Afrique, 1835-1839,
par le duc d'Orléans, publié par ses fils. *Paris, Mi-*

chel Lévy, 1870, in-8, portrait de l'auteur et carte de l'Algérie, br.

138. Les Constitutions d'Europe et d'Amérique, recueillies par M. E. Laferrière, revues par M. A. Batbie. *Paris*, 1869, in-8, br.

139. Alexis de Tocqueville. — De la Démocratie en Amérique. *Paris, Michel Lévy,* 1868, 3 vol. in-8, br.

140. Hepworth Dixon. — La Nouvelle Amérique, traduction de l'anglais avec une préface et la biographie d'Hepworth Dixon, par Philarète Chasles. *Paris*, 1869, in-8, br.

141. Paris en Amérique, par le Dr René Lefebvre. *Paris, Charpentier*, 1863, in-18, dem.-rel. chag. brun. — Léon Chotteau. La guerre de l'Indépendance (1775-1783). Les Français en Amérique, avec une préface par Édouard Laboulaye. *Paris, Charpentier*, 1876, in-18, br. — Ensemble, 2 vol.

142. Vies des hommes illustres de Plutarque, traduction nouvelle par Alexis Pierron. 4e édition entièrement revue et corrigée. — *Paris, Charpentier*, 1861, 4 vol. in-12, dem.-rel. chag. br.

143. Hommes et Dieux, études d'histoire et de littérature, par Paul de Saint-Victor. Deuxième édition. *Paris, Michel Lévy*, 1867, 1 vol. in-8, dem.-rel. mar. brun.

144. Sainte-Beuve. — Premiers Lundis. *Paris, Michel Lévy frères*, 1874-1875, 3 vol. — Nouveaux Lundis. *Paris, Michel Lévy frères*, 1864-1872, 13 vol. Ensemble, 16 vol. in-18, br.

145. Sainte-Beuve. Portraits contemporains. *Paris, Michel Lévy*, 1869-1871, 5 vol. in-18, les 2 premiers en dem.-rel. mar. brun, les 3 autres, br.

146. Sainte-Beuve. Mélanges littéraires. *Paris, Michel Lévy,* 1869-1873, 8 vol. in-18, br.
P. J. Proudhon, sa vie et sa correspondance, 1873, 1 vol. —

Lettres à la Princesse, 1873, 1 vol. — Chateaubriand et son groupe littéraire sous l'Empire, 1872, 2 vol. — Etude sur Virgile, 1870, 1 vol. — Madame Desbordes-Valmore, 1870, 1 vol. — M. de Talleyrand, 1870, 1 vol. — Le général Jomini, 1869, 1 vol.

147. Edmond et Jules de Goncourt. — La Du Barry. Nouvelle édition revue et augmentée. *Paris, Charpentier*, 1878, in-18, br. — Madame de Pompadour. Nouvelle édition revue et augmentée. *Paris, Charpentier*, 1878, in-18, br. Ensemble, 2 vol.

148. Louis de Loménie. — Beaumarchais et son temps. Etudes sur la société en France au XVIIIᵉ siècle d'après des documents inédits. *Paris, Michel Lévy*, 1873, 2 vol. in-18, br.

149. Gœthe, ses précurseurs et ses contemporains, par A. Bossert. *Paris, Hachette*, 1872, in-8, br. — Les Maîtresses de Gœthe, par Henri Blaze de Bury. *Paris, Michel Lévy*, 1873, in-18, br. Ensemble, 2 vol.

150. G. Rossini, sa vie et ses œuvres, par A. Azevedo. Notice publiée par le Ménestrel. *Paris, Heugel*, 1864, gr. in-8, portraits et fac-similé, dem.-rel. chag. rouge.

151. Biographies. — 4 volumes in-18, brochés.

Meyerbeer et son temps, par H. Blaze de Bury ; 1865. — Nos médecins contemporains, par L. Labarthe ; 1868, port. — Biographie de Hoche, par Jules Boëns ; 1877. — Les gens singuliers, par Lorédan Larchey.
Envois d'auteurs.

152. Essais historiques et biographiques par lord Macaulay, traduits par M. Guillaume Guizot. *Paris, Michel Lévy*, 1873, 2 vol. in-8, br.

153. John Lemoinne. Nouvelles études critiques et biographiques. *Paris, Michel Lévy*, 1863, in-18, br. — La statue de J.-J. Rousseau, par Ernest Hamel. *Paris*, 1868, in-18, br. — Daniel Manin, par Henri Martin. *Paris, Furne*, 1861, in-18, dem.-rel. chag. vert. — Etudes et portraits politiques par Lanfrey. *Paris, Charpentier*, 1865, in-18, dem.-rel. chag. brun. — Ensemble, 4 vol.

MELANGES

154. Dictionnaire des antiquités Romaines et Grecques accompagné de 2,000 grav. d'après l'antique, représentant tous les objets de divers usages d'art et d'industrie des Grecs et des Romains, par Anthony Rich. Traduit de l'anglais sous la direction de M. Chéruel. *Paris, Didot,* 1861, in-8, dem.-rel. chag. rouge.

155. Œuvres complètes de Lucien de Samosate, trad. nouv. par Eugène Talbot. *Paris, Hachette,* 1857, 2 vol. in-18, dem.-rel. chag. brun. — Œuvres complètes de Sénèque le philosophe, trad. nouv. par J. Baillard. *Paris, Hachette,* 1860, 2 vol. in-18, br. — Ensemble, 4 vol.

156. Œuvres complètes de Pétrone avec la trad. franç. de la collection Panckoucke, par M. H. de Guerle. *Paris, Garnier,* 1862, in-18, dem.-rel. chag. brun. — Lettres de Pline le Jeune, trad. de Sacy et J. Pierrot. *Paris, Garnier,* 1863, in-18, br. Ensemble, 2 vol.

157. Œuvres de Rabelais, nouvelle édition avec notes par L. Jacob, bibliophile. *Paris, Charpentier,* 1865, in-18, br.— Satyre Ménippée, nouvelle édition avec commentaires et notice, par Ch. Labitte. *Paris, Charpentier,* 1865, in-18, br. Ensemble, 2 vol.

158. Collection des Grands Ecrivains de la France. Nouvelles éditions publiées par A. Regnier. *Paris,* 1873, 3 vol. in-8, pap. vergé, br.
Molière (tome Ier). — Cardinal de Retz (tomes I et II).

159. Œuvres de Boileau. *Paris, Didot,* 1864, 1 vol. in-18, portrait, dem.-rel. chag. noir. — Les Caractères de La Bruyère. *Paris, Charpentier,* 1862, in-18, dem.-rel. chag. noir. — Les Confessions de

J. J. Rousseau. *Paris, Garnier*, 1875, in-18, br.—
Les Aventures de Télémaque, par Fénelon. *Paris,
Garnier*, 1881, in-18, br. — Lettres de Mlle de Les-
pinasse. *Paris, Charpentier*, 1876, in-18, br. Ensemble, 5 vol.

160. Montesquieu. — Esprit des lois. *Paris, Didot*,
1864, portrait, 1 vol. — Grandeur et décadence des
Romains. Politique des Romains. Dialogue de Sylla
et d'Eucrate. Lysimaque et pensées. Lettres per-
sanes et temple de Gnide. *Paris, Didot*, 1864, portrait, 1 vol. Ensemble, 2 vol. in-18, dem.-rel.
chag. v.

161. Œuvres complètes de Voltaire avec préfaces,
notes et commentaires nouveaux par Emile de la
Bédollière et Georges Avenel, portrait par Ulysse
Parent. *Paris, aux bureaux du Siècle*, 1867-1870,
8 vol. in-4, br.

162. Œuvres de François de Pange (1789-1796), recueillies et publiées avec une étude sur sa vie et ses
œuvres par L. Becq de Fouquières. *Paris, Charpentier*, 1872, in-18, br. — Œuvres en prose de
André Chénier. Nouvelle édition, revue sur les
textes originaux, accompagnée de notes par L. Becq
de Fouquières. *Paris, Charpentier*, 1872, in-18,
br. Ensemble, 2 vol.

163. Proudhon (P. J.). Œuvres complètes. *Paris, A.
Lacroix*, 1867-1869, 18 vol. — Œuvres posthumes.
Paris, A. Lacroix, 1867-1870, 3 vol.— Ensemble,
21 vol. in-18, dont 8 en dem.-rel. chag. brun, les
autres brochés.

Manque le tome XI.

164. Cormenin. — Livre des Orateurs. *Paris, Pagnerre*, 1869, 2 vol., port. — Pamphlets anciens et
nouveaux. *Paris, Pagnerre*, 1870, 1 vol. — Ensemble, 3 vol. in-8, br.

165. Ledru-Rollin. Discours politiques et écrits divers.
Paris, 1879, 2 vol. in-8, br.

166. Jules Ferry.—Comptes fantastiques d'Haussmann, par Jules Ferry. *Paris*, 1868, in-8, br. — De l'égalité d'éducation. — Conférence populaire faite le 10 avril 1870. *Paris*, 1870, br., in-8 (*Envoi d'auteur*).

167. Renan (Ernest). Questions contemporaines. *Paris, Michel Lévy*, 1868, in-8, dem.-rel. chag. br. — Marc-Aurèle et la fin du Monde antique. *Paris, Calmann Lévy*, 1882, in-8, br. — L'Antéchrist. *Paris, Michel Lévy*, 1873, in-8, br. Ensemble, 3 vol.

168. Mignet. Histoire de la Révolution française depuis 1789 jusqu'en 1814. 9ᵉ édition. *Paris, Didier et Didot*, 1865, 2 vol. — Notices et portraits historiques et littéraires. *Paris, Charpentier*, 1854, 2 vol. Ensemble, 4 vol. in-12, dem.-rel. chag. brun.

169. Stendhal. Histoire de la peinture en Italie. *Paris, Michel Lévy*, 1860, 1 vol. — Promenades dans Rome. *Paris, Michel Lévy*, 1858, 1 vol. — Rome, Naples et Florence. *Paris, Michel Lévy*, 1865, 1 vol. Ensemble, 3 vol. in-18, dem.-rel. chag. brun.

170. Théophile Gautier. Italia. *Paris, Lecou*, 1852, in-18, dem.-rel. chag. noir. — Théâtre, mystère, comédies et ballets. *Paris, Charpentier*, 1872, in-18, br. — Voyage en Espagne. *Paris, Charpentier*, 1865, in-18, br. Ensemble, 3 vol.

171. Œuvres de Gérard de Nerval, précédées d'une notice par Théophile Gautier. *Paris, Michel Lévy*, 1868, 5 vol. in-18, dem.-rel. chag. br.

Faust et le second Faust de Gœthe, 1 vol. — Le Rêve et la vie. Les Filles du feu. La Bohème galante, 1 vol. — Voyage en Orient, 2 vol. — Les Illuminés. Les faux Saulniers, 1 vol.

172. Champfleury. — Histoire des faïences patriotiques sous la Révolution. *Paris*, 1867, in-18, fig., br. (*Envoi d'auteur*). — Souvenirs et portraits de jeunesse. *Paris*, 1872, in-18, br. (*Envoi d'auteur*). Ensemble, 2 volumes.

173. Mélanges littéraires. — 5 vol. in-18, brochés. —   *6*.

Les Formules du docteur Grégoire. Dictionnaire du Figaro, par
A. Decourcelle. — Plume et pinceau, études de littérature et d'art,
par Jules Troubat ; 1878. — A. Sirven. — Les gens qu'on salue.
Etudes parisiennes ; 1879. — Le Journal de Tristan. Impressions et
souvenirs, 1883. — Paul Foucher. — Entre cour et jardin. Etudes
et souvenirs du théâtre, 1867.

ENVOIS D'AUTEURS.

174. Les Tribunaux comiques, par Jules Moinaux, — *4*
illustrés par Stop, préface de Noriac. *Paris*, 1881,
in-18, br.

Envoi d'auteur.

AUTOGRAPHES

---

175. BLANC (Louis), homme politique et historien. — — *2*
5 lettres autographes signées, et une carte autographe (1873-78).

176. HUGO (Victor). — 1° Billet autographe signé ; — — *9 · 50*
2° Invitation imprimée ; — 3° Lettre de l'éditeur Lacroix relative à la publication des *Misérables*.

177. ROCHEFORT (Henri). — 3 lettres autographes si- — *9*
gnées.

Correspondance intéressante.

178. SOULARY (Joséphin), poète lyonnais. — Sonnet — *22*
autographe signé à M. Guillemot, rédacteur du
Charivari, en lui envoyant mon livre (Lyon, 10 avril
1867).

Charmante pièce.

179. ZOLA (Emile). —Lettre autographe signée (24 fé- — *11*
vrier 1872).

« Vous êtes le premier qui ne jette pas la *Curée* au ruisseau, et
qui ne parle pas d'envoyer l'auteur à Charenton. Heureusement
que je suis habitué à ces gracieusetés..... »

180. LITTÉRATEURS. — 26 lettres autographes signées.

Louis Asseline ; Th. de Banville ; J. Durandeau ; Charles Edmond ; Eugène Grangé ; Ludovic Lalanne ; Hector Malot ; Auguste Marcade ; Jules Moinaux ; Ed uard Plouvier ; André Theuriet ; Jules Troubat, etc., etc.

181. HOMMES POLITIQUES. — 9 lettres autographes signées.

Alton-Shée ; Ch. Floquet ; Sigismond Lacroix ; Naquet ; Ranc ; Tony Révillon.

Les dédicaces figurant sur les ouvrages annoncés dans ce catalogue sont toutes adressées à M. Gabriel Guillemot. Il en est de même des autographes.

Paris. — Imprimerie de Cu. Noblet, rue Cujas, 13 — 11313.

LIBRAIRIE HISTORIQUE A. VOISIN

Rue Mazarine, 37, Paris.

Achat de Bibliothèques, ventes aux enchères publiques, rédaction de catalogues, expertises.

Achat de manuscrits historiques, d'autographes anciens et modernes.

On trouvera à notre librairie des documents historiques manuscrits et imprimés classés avec soin, sur chaque province, des dossiers relatifs à la noblesse, des autographes de littérateurs contemporains pour l'illustration des livres ; etc., etc.

Paris. Imprimerie de Ch. Noblet, 13, rue Cujas. — 1885